Meine erste Tier-Bibliothek

Die Ente

Text von Pascale Hédelin
Fotos von der Agentur COLIBRI

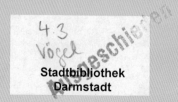
esslinger

Enten faulenzen gerne an einem sauberen Gewässer.

Am Teich

Es ist Herbst. Nach dem Regen ist es still am Teich. Nur wenige leise Geräusche stören die Ruhe. Blubb! Ein Karpfen schnappt an der Wasseroberfläche nach einer Mücke. Im Schutze des Schilfs kann sich der Erpel, das ist das Enten-Männchen, gut ausruhen. In der freien Natur schlafen die Wildenten fast den ganzen Tag. Erst abends suchen sie sich etwas zu fressen.

Stockenten leben fast überall in Europa an Teichen und Seen: in der freien Natur und auch in der Stadt.

Bestens ausgerüstet

Enten schwimmen und fliegen gerne. Zwischen ihren Zehen haben sie Schwimmhäute und können sich damit gut fortbewegen. Das wasserdichte Gefieder schützt sie vor Nässe und Kälte. Enten sind reinliche Tiere und pflegen häufig ihr Gefieder. Der Erpel hat einen grünen Kopf, einen weißen Halsring und aufwärts gebogene Schwanzfedern. Die Weibchen haben ein unauffälliges Federkleid und einen orangebraunen Schnabel.

 Mit dem platten löffelförmigen Schnabel können Enten gut im Schlick nach Nahrung suchen.

Enten haben drei Zehen mit Schwimmhäuten.

Ihre Federn sind mit einem Fett überzogen, das sie von der Bürzeldrüse aus verteilen. Es macht die Federn wasserdicht.

Enten haben kleine Luftsäcke im Bauch. So können sie stundenlang schwimmen, ohne müde zu werden.

 Abflug! Der Erpel breitet die Flügel aus und fliegt in senkrechter Haltung los.

 Enten schlagen ständig mit den Flügeln, weil sie so schwer sind.

Flieg, Ente, flieg!

Am Abend bekommen die Enten Hunger. Wie jeden Tag fliegen sie mit ihren Freunden zu einem anderen See, in dem es mehr Futter gibt.

Beim Starten stoßen sich die Enten mit den Füßen von der Wasseroberfläche ab. Was für ein Lärm! Jetzt sind sie in der Luft! Enten können schnell und weit fliegen, denn sie sind sehr ausdauernd. Mmm, Abendbrot in Sicht ...

 *Beim Landen stemmen Enten ihre Füße nach vorne und bremsen mit den Flügeln.*

11

Abendessen

Enten sind nicht besonders wählerisch, sie fressen alles: Körner, Wasserpflanzen, Würmer, Larven und kleine Insekten. Sie fressen an der Wasseroberfläche oder ... halten die Luft an und plumps!, machen einen Kopfstand: Köpfchen in das Wasser, Schwänzchen in die Höh' – so fischen sie im Tiefen.

Der Schnabel und die Zunge sind sehr empfindlich, sodass sie auch in trübem Wasser etwas Leckeres zu fressen finden.

Enten fressen in stillen, schlammigen und flachen Gewässern, denn dort gibt es genug Nahrung.

Stockenten filtern das Wasser mit dem Schnabel. Die Lamellen des Schnabels sieben die Nahrung.

Enten tauchen nicht ganz unter Wasser. Diese Haltung nennt man Gründeln.

Im Herbst fressen Stockenten Samen und Körner.

13

🦆 *Wenn sich ein Feind nähert, stellen sich die Enten manchmal tot. Schaut der Fuchs nicht genau hin, entkommen sie.*

🦆 *Stockenten treffen sich zu hunderten und gesellen sich zu den anderen Wasservögeln.*

Alle für eine

Bei so vielen Enten kann sich der Feind nicht schnell genug entscheiden, welche er angreifen soll.

Enten sind vorsichtig und schlagen schnell Alarm. Dabei quaken nur die Weibchen laut.

Enten fressen und fliegen in großen lärmenden Gruppen. Es gibt immer eine geschickte Ente, die etwas zu fressen findet. Die anderen folgen ihr. Nach dem Fressen machen die Enten eine Pause. Plötzlich kommt ein Fuchs. Rasch! Eine Ente schlägt kreischend Alarm. Blitzschnell flüchten alle. Wie schön, dass sie sich aufeinander verlassen können.

Verliebt

Der Winter kommt.
Über dem Teich
leuchtet blass die Sonne
und das Wasser ist kalt.
Jetzt ist Paarungszeit
und die Enten treffen
sich in riesigen Gruppen.
Das Weibchen wählt sich
einen Partner aus.

Die Ente duckt sich und nickt mit dem Kopf.

Sobald ein Erpel in der Gruppe beginnt, eine Ente zu umwerben, machen alle anderen es ihm nach.

Das Stockenten-Pärchen bleibt den ganzen Winter über zusammen.

Um das wählerische Weibchen zu beeindrucken, benimmt sich der Erpel wie ein Angeber ... oder wie ein Clown. Er plustert das Gefieder auf und tanzt auf ganz besondere Art und Weise: Er taucht den Schnabel ins Wasser, spritzt herum und tut so, als wollte er sich putzen – ein großartiges Schauspiel! Damit hat er vollen Erfolg – schon sind die beiden ein Paar!

18

Die Ente wartet mit dem Brüten, bis sie alle Eier gelegt hat.
So schlüpfen die Kleinen alle zur gleichen Zeit.

Ein weiches Nest

 *Um die gefräßige Elster von ihren Eiern abzulenken, tut die Ente so, als wäre sie verletzt. So schützt sie ihre Brut.*

Der Frühling ist da. Die Ente hat einen guten Nistplatz am Boden gefunden: eine geschützte Mulde zwischen den Felsen, etwas abseits vom Teich. Sie polstert sie mit Grashalmen und weichen Daunenfedern aus, die sie sich aus dem Brustkleid rupft. Ihr braunes Gefieder tarnt die Ente so gut, dass sie ganz alleine auf ihre Eier aufpassen kann. Dennoch heißt es aufgepasst! Denn der Erpel hat sich längst davongemacht ...

 *Wenn die Ente einmal wegfliegen muss, versteckt sie ihre 7–15 Eier unter Federn, damit sie schön warm bleiben.*

Großfamilie

Ein Monat ist vergangen.
Klopf, klopf! Kracks ... mit
ihrem kräftigen Schnabel
zerbrechen die Entchen die
Eierschale.
Fünf niedliche Entenküken!

Das Nest liegt oft weit vom Wasser entfernt. Kurz nach dem Ausschlüpfen marschiert die Familie los.

Die Ente will ihre Küken beschützen und achtet darauf, dass alle zusammenbleiben.

Die Küken können schon schwimmen, tauchen, kleine Beutetiere fangen, aber noch nicht fliegen.

Die Ente passt zwei Monate lang gut auf ihre Küken auf und wärmt sie immer wieder unter ihren Flügeln.

Nach dem Schlüpfen ist der Flaum der Entenküken noch feucht. Sobald er getrocknet ist, verlässt die Familie das Nest in Richtung See. Ab ins Wasser! Die lebhaften Küken können schon schwimmen und sich selbst ernähren. Dennoch bleiben sie lieber in der Nähe ihrer Mutter ...

Neues Federkleid

Im Sommer wechseln die ausgewachsenen Enten ihr Gefieder. Die Federn sind abgenutzt und fallen nach und nach aus. Schnell wachsen neue nach. Das nennt man Mauser.

Ohne richtiges Gefieder können die Entenküken nicht fliegen!

Auch während der Mauser behält der Erpel seinen gelben Schnabel.

Wenn die Enten zu viele Federn verloren haben, können sie nicht fliegen. Deshalb verstecken sie sich während der Mauser. Unter Büschen und im Schilf finden sie Schutz vor ihren Feinden. Der Erpel bekommt nun braune Federn – sein so genanntes Schlichtkleid. Im Herbst trägt er wieder das farbige Prachtkleid.

Sobald die Küken flügge sind, beginnt bei den Enteneltern die Mauser.

Zugvögel

Der Herbst vergeht und der Winter bringt Schnee und Eis. Woher kommen nur alle diese unbekannten Enten? Sie fliegen aus den kälteren Ländern an diesen See, um den Winter in wärmeren Gefilden zu verbringen. Hier geht es ihnen besser als zu Hause, außerdem gibt es mehr zu fressen. Die meisten Enten sind Zugvögel. Wenn sie aber bereits in einem mildem Klima zu Hause sind, bleiben sie oft den ganzen Winter über dort.

Die Enten orientieren sich auf ihrem langen Flug an der Sonne und den Sternen.

Die Zugvögel gesellen sich zu den Vögeln, die den Winter über in ihrer heimischen Umgebung bleiben.

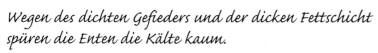 *Wegen des dichten Gefieders und der dicken Fettschicht spüren die Enten die Kälte kaum.*

25

Vorsicht Menschen!

Enten und Menschen kennen sich schon sehr lange. Stadtenten haben keine Angst vor Menschen. In der freien Wildbahn jedoch hüten sich die Enten vor ihren Feinden, den Jägern. Manche Menschen zerstören auch Sümpfe, in denen Enten leben ... während andere ihnen zu Liebe Naturschutzgebiete schaffen.

Schutzlos

Die Menschen legen viele Sumpfgebiete trocken, um mehr Acker- oder Bauland zu gewinnen. Dann haben die Wildenten keinen Platz mehr, um sich zu ernähren, sich fortzupflanzen und auszuruhen. Ihr Lebensraum ist zerstört. Darüber hinaus werden viele Feuchtgebiete (Seen, Teiche, Flüsse ...) durch Giftmüll von Fabriken oder großen Bauernhöfen verseucht.

Aus trockengelegten Sümpfen werden Wüsten, in denen die Enten nicht leben können.

Tödliches Blei!

Die Entenjagd fordert zahlreiche Opfer. In Deutschland werden jährlich etwa 500.000 Enten geschossen. Die Jäger kennen die Gewohnheiten der Enten und scheuchen sie auf, wenn sie rasten, schlafen oder fressen. Wenn die Enten die giftigen Bleikugeln, die ins Wasser gefallen sind aus Versehen verschlucken, sterben sie daran.

 Jäger sind listig: Sie verstecken sich und locken die Enten mit Entenattrappen an, die sie aufs Wasser setzen.

Auf dem Bauernhof

Enten haben Pech: Sie schmecken fantastisch! Deshalb werden sie seit Jahrhunderten von den Menschen als Haustiere gehalten. Wegen ihrer Eier und ihres Fleisches werden sie in großer Anzahl gezüchtet. Federn und Daunen werden zur Herstellung von Kopfkissen und Bettdecken benutzt.

 Weich und warm – eine Bettdecke aus Daunenfedern!

Die Verwandten

Wie Schwäne und Gänse gehören
Enten zur Familie der Entenvögel.
Sie alle haben einen eher rundlichen
Körper, Schwimmhäute zwischen
den Vorderzehen und einen flachen,
mit Lamellen besetzten Schnabel.
Sie fliegen und schwimmen gut,
aber an Land watscheln sie
ungeschickt umher.
Es gibt Schwimmenten, die nur mit
dem Oberkörper im Wasser gründeln,
sowie Meeres- und Tauchenten.

Der Höckerschwan

Der **Höckerschwan** hat einen roten Schnabel.
Er ist halbzahm und lebt auf den Seen
öffentlicher Parkanlagen. Wenn er sich ärgert,
plustert er die Flügel auf und zischt.

 Die Graugans

Die geschwätzige **Graugans** schnattert
ständig, selbst im Flug. Sie legt großen
Wert auf ihr Familienleben, die Paare
bleiben ein Leben lang zusammen.
Graugänse sind Pflanzenfresser
und Zugvögel.

Die Tafelente

Die **Tafelente** ist eine Tauchente, die in tiefem Wasser
nach leckeren Muscheln und Pflanzen sucht.
Vor dem Abflug läuft sie ein Stück über das Wasser.
Im Winter nisten Tauchenten in großen Gruppen überall
auf den Seen.

Die Krickente

Die **Krickente** ist eine kleine Wildente,
die leicht ist und sehr schnell fliegen kann.
Nachts gründelt sie im seichten Wasser
und sucht im Schlick nach Samen.
Im Winter schließen sich die Krickenten
zu kleinen Gruppen zusammen.
Sie sind ein bevorzugtes Ziel der Jäger.

Die schwere **Barbarieente** kann nicht
fliegen. Sie wird heute wegen ihres
Fleisches gezüchtet. Im 15. Jahrhundert
lebte sie in der freien Natur Südamerikas.
Die Weibchen sind kleiner als die Männchen.
Sie bekommen viele Küken und brüten
manchmal auch Hühnereier aus.

Die Barbarieente

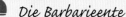

29

Einige Fragen zum Leben der Enten.
Die Antworten findest du in diesem Buch.

Fotos © Agentur COLIBRI

D. Alet: Titelfoto; P. Chefson: Foto der Rückseite, S. 16 (u.l.); A.-M. Loubsens: S. 4, S. 9 (o.l.), S. 10 (Mitte), S. 14 (u.), S. 14-15 (o.), S. 24 (u.), S. 28 (o.), S. 29 (o.l. und u.); A. Auricoste: S. 6; G. Abadie: S. 6-7; Negro/Cretu: S. 8; Cosnefroy: S. 9 (o.r.); Ch. Testu: S. 9 (u.); Loubsens/Dequiedt: S. 10-11, S. 20 (u.); R. Tonnel: S. 10 (u.l.); C. Villette: S. 11 (u.), S. 16-17; M. Queral: S. 12-13 (o.); S. Bonneau: S. 12 (u.); A. Roussel: S. 13 (u.l.), S. 25; C. Baranger: S. 13 (u.r.); B. Bonnal: S. 14 (o.l.), S. 29 (o.r.); J.-Y. Lavergne: S. 15 (u.); G. Bonnafous: S. 17 (o.r.); F. Merlet: S. 18; A. Labat: S. 19 (o.); P. Ricard: S. 19 (u.), S. 20 (o.); M. Rhor: S. 21 (o.); P. Neveu: S. 21 (u.); A. Saunier. S. 22 (u.l.); Ph. Granval: S. 22-23, S. 26 (u.); J.-M. Brunet: S. 23 (o.); J. Ginestous: S. 24 (o.); A. Guerrier: S. 26-27; S. Bréal: S. 27 (u.); J.-L. Ermel: S. 28 (u.).

Copyright © 2003 Éditions Milan - 300, rue Léon-Joulin, 31101 Toulouse Cedex 9 – Frankreich.
Die französische Originalausgabe erschien erstmals 2003 unter dem
Titel »Le canard, clown de la mare« bei Éditions Milan, Toulouse, Frankreich.
Herausgeberin: Valérie Tracqui

Aus dem Französischen von Anne Brauner
Alle Rechte der deutschsprachigen Ausgabe:
© 2005 Esslinger Verlag J. F. Schreiber
Anschrift: Postfach 10 03 25, 73703 Esslingen
www.esslinger-verlag.de
ISBN 3-480-22066-5